Für Elisabeth + Robi!

Hansjörg Hänggi

Hansjörg Hänggi

Lea und Nonno

Grossvatergeschichten

Illustrationen: Nara Pfister

Der Verlag dankt der Gemeinde Reinach für die
finanzielle Unterstützung

Copyright HORCH! Verlag in der emmel.hofer.erni GmbH
Reinach / Basel 2006
Satz: semmel.ARTS, Basel

ISBN-10: 3-906436-03-9
ISBN-13: 978-3-906436-03-6

Lea und die Tage

Ich versuchte, das Tagblatt zu lesen. Da fragte Lea:
«Nonno, woher kommen eigentlich die Tage?»
O je! Was sollte ich der Neunjährigen antworten? Ich versuchte es so:
«Tag ist das Gegenteil von Nacht.»
Offenbar ging sie auf mein Ausweichmanöver ein und fragte:
«Warum?»
«Der Tag ist die Zeit von der Morgendämmerung bis zum endgültigen Erlöschen des Tageslichts, der Rest heisst Nacht.»
«Dann hört zum Beispiel der Freitag auf, wenn die Nacht kommt, und er heisst dann Freinacht?»
«Nein, natürlich nicht, der Freitag ist auch in der Nacht immer noch der Freitag. Tag bedeutet eben noch etwas anderes, nämlich die vierundzwanzig Stunden, in denen sich die Erdkugel einmal um sich selber dreht. Dabei wendet sie den Ort, auf dem wir leben, für eine gewisse Zeit der Sonne zu – dann ist für uns Tag – und eine gewisse Zeit schaut der Ort von der Sonne weg – dann ist Nacht.»
«Es gibt also zwei Sorten Tage: Der Tag, der nicht Nacht ist, und die andere Sorte Tag wie der Donnerstag, der Freitag oder der Samstag?»
«Genau so, eben die Kalendertage – wie auch der

Sonntag, der Montag und der Dienstag.»

«Und der Mittwoch? Ist der kein richtiger Tag?»

«Doch, auch der. Er ist eben der Tag in der Mitte der Woche.»

Lea studierte ein Weilchen.

«Dann müsste er eigentlich Mittag heissen. Aber das bedeutet ja wieder etwas anderes.»

Dann zählte sie etwas an den Fingern ab. Sie schaute verdutzt auf.

«Der liebe Gott hat doch die Erde in sechs Tagen erschaffen?»

«Ja, so wird es erzählt. Und am siebenten ruhte er aus.»

Wieder zählte Lea mit den Fingern.

«Dann ist der Mittwoch aber nicht in der Mitte der Woche. Montag, Dienstag sind zwei, Donnerstag bis Sonntag sind vier.»

Jetzt musste ich ihr natürlich die Verschiebung vom jüdischen Sabbat zum christlichen Sonntag erklären:

«Sonntag, Montag, Dienstag: drei – dann der Mittwoch – dann wieder drei.»

«Aha! – Und eben ein Ausruhtag auf sechs Arbeitstage?»

«Du kannst auch Werktage sagen.»

«Wir haben nur einmal Werken. Für mich passt besser Schultage. Das sind aber nur fünf, denn ich habe am Samstag frei.»

Lea schwieg eine Zeit lang, und ich wandte mich

wieder meiner Zeitung zu. Auf einmal lachte sie laut heraus:

«Du, Nonno, eigentlich gibt es ja mehr als einen Freitag in der Woche: Einmal der gewöhnliche Freitag, dann habe ich aber Samstag und Sonntag frei, das gibt gerade noch zwei Freitage.»

Ich musste auch lachen. Da hatte sie ja Recht.

«Und jede Nacht ist eine Freinacht? Da haben wir ja immer frei.»

Ich schusterte mir eine Erklärung zusammen und sagte:

«Wenn ein Wirtshaus ausnahmsweise die ganze Nacht offen hält, wird das Freinacht genannt.»

Die nächste Frage kam sofort:

«Auch wenn der Wirt nicht frei macht?»

«Auch das Personal hat in der Freinacht nicht frei», bestätigte ich.

Lea war wieder ein Weilchen still. Dann hörte ich sie murmeln:

«Freinacht, Samsnacht, Sonnacht, Monnacht, Diensnacht, Mitternacht, Donnersnacht.»

Stille. – Dann:

«Du, das gab es letzthin!»

«Was?»

«Eine Donnersnacht – Ich hatte Angst vor den Blitzen.»

«Gewitternacht!» meinte ich verbessern zu müssen.

Wieder murmelte Lea vor sich hin:

«Gewitternacht um Mitternacht – Fasnacht – Weih-
nacht – Weihnachtstag - Feiertag – Bundesfeiertag –
Ferientag – Regentag – Werktag – Wochentag. Du,
Nonno!»

«Ja?»

Könntest du mir jetzt meine Frage beantworten?»

«Welche?»

«Die von vorhin: Woher kommen die Tage?»

Da hatten wirs wieder. – Mir kam noch ein Trick in den
Sinn:

«Was denkst *du*?»

Da sprudelte Lea los:

«Dort oben hinter den Hügeln gibt es eine Höhle. Dort
drin wachsen die Tage wie Pilze aus den Felsspalten.
Jede Nacht wird so ein Tagpilz gross genug, dass er
platzen kann. Dann kommt er wie eine Dampfwolke
aus der Höhle heraus und fliesst über die ganze Welt.
Und das gibt einen neuen Tag. Und jeder Tag bringt
etwas mit: Sonne oder Regen, Nebel oder Wolken,
Feste, Arbeit, Ruhe oder Diens oder Donners oder
Sams oder so etwas. Darum heissen die Tage so verschieden.»

Staunend hörte ich Lea zu. Dann sagte ich erleichtert:

«Danke! Du weisst ja die Antwort viel besser als ich!»

Sie gab noch einen drauf:

«Und morgen fliesst ein Teil vom neuen Tag zu mir,
und weisst du, wie der heisst?

«Wie denn?»

«Geburts!»
Und singend hüpfte Lea davon:
«Ich hab bald Geburtstag, ich hab bald Geburtstag!»

Was sollte ich ihr wohl schenken? Einen Kalender oder ein Tagebuch?

Lea und die Bäume

Ich sass am Computer. Plötzlich stand Lea hinter mir und schaute mir über die Schultern. Sie sagte:
«Nonno, du schreibst doch Geschichten. Erfindest du die?»
«Ja – also – doch schon. Meistens ist etwas Wahres dran, aber den Rest erfinde ich, das heisst, ich lass mir etwas einfallen.»
«Einfach so?»
«Einfach so! – Oder nein, so einfach geht es nicht. Wenn ich über eine Sache nachdenke, kommt mir dazu schon meistens etwas in den Sinn. Aber manchmal habe ich das Gefühl, irgend eine unsichtbare Person sage mir, was ich zu schreiben habe.»
«Kann die Person auch sichtbar sein?»
«Bis jetzt habe ich sie nie gesehen.»
«Dann schau mich an!»
Da hatte sie mich erwischt. Ich versuchte zu kneifen.
«Wie meinst du das?»
«Schreib mir doch einmal die Geschichte vom Garten!»
«Ich habe schon zweimal eine Geschichte von einem Garten geschrieben.»
«Dann halt die Geschichte von der Ulme.»
«Wie kommst du jetzt ausgerechnet auf die Ulme?»

wollte ich wissen.

«Wir haben in der Schule die Bäume kennengelernt, und da hat mir die Ulme am besten gefallen.»

«Wieso?»

«Die Ulme ist selten, sie hat so komische krumme Blätter, und sie ist von der Ulmenkrankheit bedroht. Das gibt eine schöne Geschichte, denke ich.»

«So, denkst du?»

Wer konnte so einem Wunsch und so einer Zuversicht widerstehen? Ich sagte:

«Wir sehen es ja dann.»

Lea war zufrieden und verzog sich. Ich aber machte mich an die Arbeit. Zuerst schlug ich Lexika und Naturbücher auf und fand dort Einträge über die Berg-, die Feld- und die Flatterulme, samt ihren unterschiedlichen Samen. Das Bestechendste waren die doppelt gezähnten, deutlich einseitigen Blätter. Im einen Buch wurden diese vornehm als «asymetrisch» bezeichnet, im anderen aber hiess es schlicht: «Blätter schief».

Schön und gut, aber wie sollte daraus eine Geschichte werden?

Ich suchte vorerst einen Titel:

«Die Ulme»? – Oder «Ulmengeschichte»? – Oder «Warum die Ulme Ulme heisst».

Aha, im Namen «Ulme» lag vielleicht die Lösung. Ich spiele ja gerne mit Wörtern, also «Ulmen – Pfulmen» oder «Ulm – Olm – Alm – Elm»? – Das war eine Sack-

gasse!
Vielleicht etwas mit dem Familiennamen «Uhlmann»,
mundartlich «Uulme»? Auch das brachte mich nicht
weiter. Vielleicht: «Wat den eenen sin Uhl, is den
annern sin Nachtigall»? Nein! Das war zu platt!
Ich fing einfach einmal an und tippte:
«Als die grosse Natur die Bäume erschaffen hatte, bekam jeder Baum seinen Namen. Weil die einen Bäume Tannenzapfen trugen, hiessen sie Tannen, die mit
den Bucheckern hiessen Buchen, die mit den Eicheln
Eichen und so weiter ...»
Mir wurde gerade klar, was für absurde Schlüsse ich
da gezogen hatte, als es hinter mir tönte:
«Nonno, so einen Blödsinn hast du noch selten geschrieben!»
Lea hatte unbemerkt von hinten auf den Bildschirm
geguckt und war entsetzt über meine Logik.
«Und die Kirschbäume heissen so, weil sie Kirschen
tragen und die Kirschen heissen so, weil sie auf den
Kirschbäumen wachsen.»
Ich genierte mich ein bisschen und beschwichtigte:
«Ich weiss, ich weiss! Die Kurve zu den Ulmen hätte
ich ja sowieso nicht gekriegt. Ich fürchte, ich weiss
nicht weiter. Vielleicht gibt es eine unsichtbare Figur,
die mir sagt, was ich schreiben soll.»
«Oder eine sichtbare!»
«Also, dann mal los!»
Lea holte tief Luft:

«Ich kenne die Geschichte jetzt, sie geht so.»

Und damit begann Lea zu erzählen:

Früher gab es auf der Erde nur Wiesen. Dort drin wohnten die Zwerge. Diese wünschten sich mehr Schatten und wollten sich besser verstecken können. Sie schlugen dem lieben Gott vor, er solle statt nur Gras, Blumen und Stauden doch auch grössere und stärkere Pflanzen wachsen lassen.
Der liebe Gott sagte:
«Da müsst ihr mir aber helfen. Jeder Zwerg soll so eine Pflanze entwerfen und dazu ein Modell bauen. Ich vergrössere dann die Bau-Modelle und pflanze sie zusammen zu einem so genannten Wald. Dort drin könnt ihr dann wohnen.»
So kam es, dass der Zwerg Bernhard Bucher ein Bau-Modell schuf, das er «Buche» nannte, die Zwergin Linda Linder machte die «Linde», Alfred Horn liebte Abkürzungen und nannte sein Ding einfach «Ahorn». Er sagte auch statt «Bau-Modell» einfach «Baum». Dabei blieb es auch für die «Tanne» von Toni Tanner, für die «Esche» von Ester Escher und für alle anderen Bäume, die von Zwerginnen und Zwergen geschaffen wurden.
Alle schnitzten, sägten und klebten an ihren Modellen herum. Für die Formen der Blätter falteten die meisten ein Stück Papier einmal in der Mitte und schnipselten

daraus einen einfachen Scherenschnitt. So entstanden all die spiegelbildlichen Laubformen, die wir kennen: Das lustige Eichenlaub von Zwerg Erich Eicher oder auch die kleinen Birkenblättlein der Zwergin Birgit Birkenmeier. Und so weiter.

Nur Ulli Meder, die ihren Baum einfach Ulme nannte, versuchte ihre Blätter ohne Faltschnitt zu machen. Diese gleichseitigen Dinger der andern waren ihr zu langweilig. Sie schnitt fröhlich drauflos, und so wurden ihre Blätter ziemlich schief oder eben asymetrisch, wie die Naturwissenschaftler sagen. Die Zwergenleute verglichen immer wieder ihre Arbeiten. Als sie Ullis einseitige Blätter sahen, lachten sie und spotteten: «Das krumme Zeug wird dem lieben Gott kaum gefallen!»

«Das werden wir ja sehen», sagte Ulli nur.

Als jedes Bau-Modell oder eben jeder «Baum» fertig war, holten die Zwerge den lieben Gott. Er schaute sich die Bäume an. Alle wünschten sich, er sei mit ihrem Vorschlag zufrieden und hofften heimlich, er werde Ulli wegen ihrer schiefen Blätter auslachen. Der liebe Gott war sehr zufrieden mit den Arbeiten und verkündete, er werde alle zu richtigen Bäumen machen.

«Ullis Ulme gefällt mir besonders gut, die hat so lustige Blätter», meinte er zum Schluss. Alle staunten zuerst. Aber dann mochten sie Ulli Meder den Erfolg gönnen.

Lea tat nochmals einen tiefen Schnaufer und sagte:
«Und so erhielten die Bäume ihren Namen, und die Ulme kam zu den krummen Blättern.»
Bevor ich etwas sagen konnte, meinte sie noch:
«Du hättest die Geschichte eigentlich mitschreiben können.»
«Das wäre nicht gegangen, ich konnte nur staunend zuhören.»
«Dann schreib sie sofort in den Computer, bevor du etwas vergisst. Zuerst den Titel: „Die Ulme" von Nonno – und von Lea. – Einverstanden?»
«Natürlich, Lea, einverstanden! Manchmal helfen mir doch auch sichtbare Personen. Herzlichen Dank!»

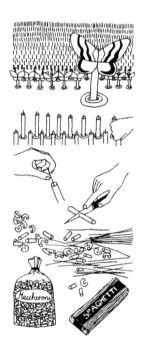

Lea und die Esswaren

Wir assen gerade Risotto mit Steinpilzen, als Lea sagte:
«Du Nonno, ich weiss, dass Pilze im Wald wachsen, mindestens in meinen Märchenbüchern. Aber woher kommt eigentlich der Reis?»
Gedankenlos antwortete ich:
«Aus dem Supermarkt.»
«Das weiss ich auch. Ich meine: Vorher, wie kommt er in den Laden und woher?»
«Aha, so meinst du das.»
Da war ich im Element und kam ins Dozieren:
«Also, Reis, das sind die Körner eines Getreides. Das wächst an Halmen im knietiefen Wasser, in China oder überhaupt in Asien, aber auch in den USA – ich denke da an Uncle Bens Rice – und dann in der Po-Ebene in Italien. Es gibt auch Sorten, die wachsen auf trockenem Grund, zum Beispiel …»
«Jaja, ist schon gut! So genau wollte ich es nicht wissen.»
«Wenns dich nicht interessiert …»
«Doch, es interessiert mich schon. Ich finde es einfach ein lustiges Spiel, so zu fragen. Aber dann ohne Vorträge. Woher kommen zum Beispiel die Linsen?»
Ich war etwas irritiert und fasste mich kurz:
«Das sind Schmetterlingsblütler, sie wachsen in Scho-

ten, ähnlich wie Erbsen, ich glaube ums Mittelmeer herum.»

«Schmetterlingsblüten. Das tönt schön. Und der Rosenkohl?»

«Das ist eine Kohlart, bei der die Röschen am Stiel wachsen. Da hat ein schlauer Gärtner die Seitenknospen so gezüchtet, dass sie wie kleine Kohlköpfe aussehen.»

«Das finde ich schade. Ich hatte jetzt gehofft, das seien Kabisköpfe aus einem Zwergengarten. Vielleicht ist es ja auch so.»

Da waren wir wieder soweit. Lea legte sich die Welt auf ihre Weise zurecht. Ich sagte:

«Ja, wenns dir wohler ist, können wir uns die Dinge auch auf eine lustigere Art erklären, ich will dir nicht im Wege stehen.»

«Das finde ich gut. Richtig erklärt ist eigentlich alles ein bisschen langweilig. Wir könnten uns ja auch einfach etwas ausdenken.»

Das fing mir an zu gefallen und ich sagte:

«Weisst du was? Ich spüle jetzt das Geschirr, und nach dem Abtrocknen guckst du in die Küchenschränke und erzählst mir nachher, woher deiner Meinung nach all die Esswaren kommen, die du findest.»

«Einverstanden!»

Nach dem Mittagsschlaf durfte ich folgende Forschungsergebnisse entgegennehmen:

«Zuerst die Essiggürklein: Die wachsen nämlich auch

im Zwergengarten an den Cornichonstauden direkt neben dem Rosenkohl. Eigentlich wären sie ja kugelrund und rot, etwa wie grosse Himbeeren. Aber die Zwerge lassen sie zu lange hängen, darum werden sie vor lauter Gewicht immer länger und länger. Das passt ihnen gar nicht. Sie ärgern sich grün. Dann werden sie vor Ungeduld ganz sauer. So können die Zwerge die Gürklein pflücken und in Gläser einfüllen. Fertig.»

Ich freute mich natürlich über Leas blühende Phantasie. Aber ich konnte einen Spruch nicht verkneifen und sagte:

«Das war aber jetzt auch ein Vortrag.»

«Gewiss, aber ein lustiger. Jetzt kommen die Teigwaren dran. Oder willst du nicht mehr zuhören?»

«Oh, doch, mach weiter!»

«Also, die Teigwaren wachsen in Italien wie dein Reis. Es stehen dort die verschiedensten Pastabäume in langen Reihen. Sie haben wunderbare Schmetterlingsblüten. Die heissen so, weil alle Schmetterlinge kommen und Blütensaft trinken. Und dann gibt es die länglichen Pastafrüchte. Aus denen ziehen die Italiener lange Fäden heraus. Das gibt die Spaghetti. Zurück bleiben verschieden grosse Röhren. Daraus können dann die Maccheroni, die Penne und die Hörnli geschnitten werden. Am Abend sitzen die Familien um den Tisch, sortieren die verschiedensten Teigwaren und füllen sie ab. Darum hast du auch so viele Packungen im Schrank.»

Das wurde ja immer schöner.

«Hast du noch etwas herausgefunden?»

«Ja, ich weiss jetzt auch, woher die Meringues kommen. Aus Meiringen.»

«Das ist jetzt nicht besonders neu. Das behaupten die Berner Oberländer schon lange.»

«Ich weiss. Aber wie sie die machen, weisst du noch nicht. Das geht so: Im Frühling, wenn es ein sonniger Tag werden will, kleben die Buben am frühen Morgen halbe Schneebälle an die Felswände. Weil dann die Sonne schon sehr warm scheint, hat der Schnee keine Zeit zum Schmelzen und vertrocknet. Die Halbkugeln fallen von den Wänden direkt in die Körbe, die bereitstehen.»

«Und warum haben sie so ein Streifenmuster?»

Lea studierte ein Weilchen, dann sagte sie:

«Das sind die Abdrücke von den Weidenkörben.»

«Aha, und warum sind die Meringues süss?»

«Weil in Meiringen eben der Schnee zuckrig ist wie Meringues. Drum heisst es ja auch Meiringen. Klar?»

«Alles logisch! Aber ich glaube, wir müssen jetzt aufhören.»

«Das ist mir auch recht, du stellst mir zu schwierige Fragen. Morgen erzähle ich dir noch, woher das Paniermehl kommt. Nachher isst du keine Wienerschnitzel mehr. Jetzt muss ich gehen. Ciao Nonno! Heute wars lässig bei dir.»

Ich schlich mich zum Kühlschrank und nahm ein Erdbeerjoghurt heraus. Während des Löffelns musste ich ständig meine Phantasie zügeln.
Das konnte ja gut werden!

Lea und die Merkmale

Lea sass an meinem Stubentisch und sah sich ein Buch an, das sie aus dem Regal genommen hatte. Sie schaute auf und fragte:

«Du, Nonno, was sind „se-kun-däre Geschlechts-merk-male"?»

Oha, da kam ein Thema auf mich zu!

«Wie kommst du jetzt auf diese Frage?»

«Da steht etwas davon in diesem Buch, das ich gerade anschaue.»

«Was schaust du denn, ums Himmels willen, für ein Buch an?»

Ich stand auf um nachzusehen.

«Wieso „ums Himmels Willen"? Guck doch, dein Vogelbuch!»

Ich atmete auf. Da war ich ja wieder einmal davongekommen! Lea zeigte mir wunderschöne Vogelbilder.

«Also», erklärte ich und gab mir Mühe, mit meinen Erläuterungen in der Tierwelt zu bleiben, «es gibt ja zweierlei Geschlechter, Männlein und Weiblein. Wenn jetzt zum Beispiel – eh – junge Hunde zur Welt kommen, sieht deren Mutter gleich, ob es Männlein oder Weiblein sind. Du kannst dir ja vorstellen woran.»

Lea schaute mich erstaunt an.

«Was ist?» fragte ich.

«Du erzählst das so komisch. Wenn die Welpen ein

Glied haben, sind es Rüden.»

«Eben», atmete ich auf, «und das ist ein so genanntes primäres Geschlechtsmerkmal.»

«Und die sekundären?»

«Die kommen erst, wenn die Tiere langsam erwachsen werden, wie zum Beispiel hier im Buch bei den Pfauen das Rad des Männleins oder das farbige Gefieder des Enterichs. Bei den Hirschen ist es das männliche Geweih oder bei den Wildschweinen sind es die Hauer.»

Das hatte ich hingekriegt! Doch Lea hatte nicht genug.

«Aha, und bei den Hühnern sind es der hohe Kamm und der schöne Schwanz des Gockels oder bei den Löwen ist es die Mähne.»

«Genau so.»

«Da sind ja die Männlein meistens schöner als die Weiblein.»

«So ist das eben.»

«Und bei den Menschen?»

Hatte sie die Kurve doch noch gekriegt?

«Was meinst du jetzt?»

«Da sind doch die Weiblein schöner.»

«Ah, das denkst du.»

Ich hoffte, das Thema abschliessen zu können und sagte:

«Einverstanden, das finde ich auch, viel schöner!»

Aber Lea bohrte weiter:

«Haben Menschen denn auch sekundäre Ge-

schlechtsmerkmale?»
Also doch noch! Das sollte sie jetzt selber heraus-
finden. Ich fragte:
«Wodurch unterscheiden sich denn Männer von
Frauen ausser durch ihre primären Geschlechtsmerkmale?»
Lea schaute mich von oben bis unten an. Dann be-
fand sie:
«Also: Frauen haben einen Busen und keine Haare
auf der Brust. Frauen sind um den Bauchnabel
schlanker und haben selten so ein Kugelbäuchlein wie
zum Beispiel du.»
Dabei klopfte sie mir auf den satt gespannten Pullover.
Ich versuchte, das gleichmütig zu schlucken und
sagte:
«Das heisst: Frauen haben eine Taille. Dafür haben
sie etwas breitere Hüften.»
«Das finde ich schön, das will ich dann auch, wenn ich
einmal sekundär bin.»
Ich musste natürlich lachen, doch mochte ich diese
etwas schräge Formulierung nicht korrigieren. Ich
sagte nur:
«Das wünsche ich dir. Aber jetzt schau mir noch ins
Gesicht!»
«Aha, Männer haben Runzeln und nicht so eine feine
Haut wie die Frauen.»
«Ja, gut!»
Ich mümmelte wie ein Kaninchen und fragte:

«Und?»

«Also, nein! Dass ich das vergessen konnte! Du hast einen Schnauz, Männer haben Haare im Gesicht.»

«Richtig», sagte ich mit möglichst tiefer Stimme, «nun fehlt, glaube ich, nur noch etwas».

Lea sah mich erstaunt an, dann strahlte sie:

«Ach ja, die Stimme! Kevin hatte kürzlich den Stimmbruch, er redet seither wie ein Mann, das gehört auch dazu.»

«Genau!»

«Jetzt habe ich eine letzte Frage: Lieben die Männer denn ihre sekundären Geschlechtsmerkmale nicht?»

«Doch, natürlich, sie sind stolz darauf, wie die Frauen auf ihren Busen und ihre Figur.»

«Aber warum rasieren sich denn die meisten Männer? Und viele lassen sich mitten in die Haare eine Glatze schneiden.»

Ich musste laut herauslachen.

«Also, die Glatzen, die entstehen von selbst, weil die Haare ausfallen – auch solch ein männliches Sekundärmerkmal. Aber den Bart rasieren … was soll ich da sagen? Es ist eben Mode. Gefällt es dir denn nicht?»

«Doch, zum Glück rasierst du dich, dann duftest du so fein nach Rasierwasser und hast so eine glatte Haut, wenn ich dir ein Mutzi gebe. Tschüss, Nonno! Danke für alles!»

Schmatzend küsste sie mich auf die Wange und stürmte davon.

Lea und die Socken

Als Lea kam, war ich in der Waschküche damit beschäftigt, einen Korb voll Wäsche aus der Maschine zu nehmen.
Lea rief:
«Was machen wir heute?»
«Das muss zuerst noch an die Leine. Ich komm gleich spielen.»
Lea sagte:
«Oh, jeh!»
Dann fragte sie:
«Kann ich dir helfen, damit es schneller geht?»
«Zum Wäschehängen bist du wohl zu kurz. Aber du könntest die Socken so sortieren, dass immer zwei gleiche beisammen sind. Ich seh bei diesen schwarzen Dingern sowieso nur schlecht, was zueinander gehört.»
Lea griff eifrig in das Knäuel dunkler Socken, das im Wäschekorb lag, während ich mich um den Rest kümmerte. Sie legte immer zwei gleich lange mit dem gleichen Muster oder dem selben Bord nebeneinander über den Korbrand. Am Schluss blieben eine schwarze und eine graue Socke übrig, die beide keine Entsprechung fanden.
«Du, Nonno, da fehlen zwei Socken!»
«Ach, nicht schon wieder! Guck mal in der Maschine

nach, ob eine liegen geblieben ist!»

Lea drehte an der Trommel herum, und mit einem leisen Plopp plumpste eine graue Socke herunter.

«Ich hab so einen Ausreisser!» rief sie und vereinigte das Paar auf dem Korbrand, «aber wo ist der andere?»

Wir suchten zwischen Pullovern und Hemden, hinter dem zweiten Korb und unter dem Ausguss. Die schwarze Socke blieb verschwunden.

Während Lea mir die anderen paarweise zum Aufhängen reichte, fragte sie:

«Wie kann das nur kommen, dass eine Socke verschwindet?»

«Das frage ich mich schon lange. Siehst du die Schachtel dort in der Ecke? Da drin liegen all die Findelkinder, die sich im Laufe der Zeit angesammelt haben. Gelegentlich finden zwei zusammen, die sich für ein gewisse Zeit getrennt hatten.»

«Ich schau mal nach, ob der Bruder von dieser da drin liegt. Oder ist es die Schwester?»

Während ich die anderen Paare aufhängte, verglich Lea die Socken mit dem feuchten Single. Dabei murmelte sie all deren Eigenschaften vor sich hin. Aber sie wurde nicht fündig. So hängte ich am Schluss die Einzelsocke einfach auf. Eine Kandidatin für die Sammlung in der Schachtel!

Beim Hochgehen auf der Kellertreppe brummte ich:

«Für dieses geheimnisvolle Verschwinden sehe ich

einfach keine vernünftige Erklärung.»
«Wärst du auch mit einer unvernünftigen zufrieden?»
fragte Lea.
Ich musste lachen. Da hatte sie wohl wieder phantasievolle Pläne auf Lager.
«Wir könnten es ja einmal versuchen!»
Wir setzten uns an den Küchentisch und tranken ein Glas Apfelsaft. Gemeinsam blödelten wir in gewohnter Weise daher:
«Nonno, du legst vielleicht aus Versehen eine schmutzige Socke zurück in den Schrank statt in den Wäschekorb. Schau einmal dort! Du musst nur dem Duft nachgehen!»
«Also, ich bitte dich!», wehrte ich mich lachend, dann machte ich einen Vorschlag:
«Vielleicht saust die Socke beim Schleudern durch ein Löchlein in der Trommel und verschwindet im Abwasser.»
«Dann müssten sie in der Kläranlage ein Fundbüro für Socken haben.»
Mir fiel noch etwas ein:
«Wenn die Socken rot wären, würde ich sagen: In der Nacht kommt der Sockenzwerg und stiehlt eine Socke, als Ersatz für seine verlorene Mütze.»
«Ja, oder er braucht einen Schlafsack für sein Kind. Er hiesse dann nicht nur „Sockenzwerg" sondern auch „Einzelmännchen".»
Erst nach ein paar Augenblicken verstand ich das

Wortspiel und lachte:

«Einzelmännchen, das finde ich gut!»

«Ich eigentlich nicht, das Heinzelmännchenzeug kommt mir langsam kindisch vor.»

«Weisst du denn etwas Erwachseneres?»

Wir schwiegen eine Weile.

Auf einmal summte Lea eine schöne Melodie, die mir irgendwie bekannt vorkam.

«Was summst du da?»

Lea sang:

«Ich war noch niemals in New York, ich war noch niemals auf Hawaii ...»

«Woher kennst denn du diesen alten Hit von Udo Jürgens?»

«Den lässt Mami immer laufen.»

«Ja, und jetzt?» fragte ich.

«Weisst du, vielleicht geht es deinen Socken wie dem Mann im Lied, der aus dem langweiligen Leben abhauen wollte. Plötzlich hat so eine Socke genug davon, dass du mit deinen verschwitzten Käsefüssen auf ihr herumtrampelst. Sie hat vielleicht mehr Mut als der Mann im Lied, macht sich wirklich aus dem Staub und hüpft nach New York oder Hawaii oder weiss ich wohin.»

Lea stand auf und hopste singend durch die Küche. Plötzlich stolperte sie und landete auf dem Bauch. Zuerst war sie ganz still. Dann brach sie in ein Gelächter aus und kroch zum Küchenschrank. Mit einem

Griff zog sie eine verstaubte Socke unter dem Möbel hervor. Sie sprang auf und hob ihren Fund wie eine Fahne in die Höhe. So hüpfte sie umher und rief:
«Die war noch nicht ganz aus dem Staub. Komm mit, Nonno, mach dich auf die Socken, wir bringen sie nach Hawaii!»
Ich schloss mich Lea an. Hintereinander tanzten wir um den Küchentisch und sangen aus vollem Halse:

«Ich war noch niemals in New York, ich war noch niemals auf Hawaii,
ging nie durch San Francisco in zerrissnen Jeans.
Ich war noch niemals in New York, ich war noch niemals richtig frei,
einmal verrückt sein und aus allen Zwängen fliehn!»
Unser Nachmittag war gerettet.

Lea und die Wortspiele

Lea fragte:
«Nonno, kennst du die Zahlen?»
Was sollte das jetzt bedeuten? Ich antwortete:
«Ich glaube schon.»
«Also, wie schreibst du elf?»
«E - L - F.»
«Eh, ich meine: Mit welchen Zahlen?»
«Eins - eins.»
«Nein», korrigierte mich Lea, «du musst ganz schnell sagen: Zweimal eine Eins!»
«Aha! Also gut: Zweimal eine Eins.»
«Richtig! – Und zweiundzwanzig?»
«Zweimal eine Zwei.»
«Stimmt! – Und dreiunddreissig?»
«Dreimal eine Drei.»
«Nein, reingefallen, nur zweimal!»
«Was? – Ah, natürlich. Da hast du mich erwischt.»
Ich fragte:
«Wo hast du denn das her?»
«Das hat mich der Hauswart auf dem Schulplatz gefragt, ich habe auch „dreimal drei" gesagt. Weisst du, wer schnell antworten muss, hat keine Zeit zum Nachdenken.»
«Ja, das hab ich gemerkt. – Ich kenne auch so ein Spiel.»

«Machst dus mit mir?»

«Also gut: Was brauchst du zum Essen von – zum Beispiel – Salat?»

«E Gaable», sagte Lea auf Mundart.

«Du musst mir auf Hochdeutsch antworten und auch ganz rasch, sonst geht das nicht.»

«O.K., eine *Gabel.*»

«Wie heisst die elektrische Zuleitung an dieser Tischlampe?»

«*Kabel.*»

«Richtig! Was haben alle Menschen mitten auf dem Bauch?»

«Einen *Nabel.*»

«Jetzt wirds biblisch. Wo war der Turmbau?»

«In – *Babel.*»

«Und jetzt ganz schnell: Wer war der erste Brudermörder?»

«Ehm, Moment!»

«Rasch!»

«Ich lass mich nicht hetzen: – *Abel* wars jedenfalls nicht. Kain! Er hat Abel erschlagen.»

Lea sah meine Verblüffung – oder war es Enttäuschung? – und sagte:

«Du hättest halt nicht nochmals sagen sollen „ganz schnell". Da hab ich es gemerkt.»

Ich fasste mich rasch, den doppelten Triumph mochte ich Lea ja gönnen.

Sie hatte nicht genug und sagte:

«Komm, wir machen weiter, ich spiele gerne mit Wörtern.»

«Das gefällt mir auch. Hast du eine Idee?»

Lea murmelte etwas von Kabel und Babel, dann sagte sie:

«Ja, du musst herausfinden, warum mir Gabel, Kabel, Nabel, Babel und Abel so gut gefallen.»

«Weil sie reimen?»

«Es hat ein bisschen damit zu tun. Sie sind alle mit mir verwandt.»

Ich erinnerte mich zwar an Heidi Abel und Heidi Kabel vom Fernsehen, aber dass die mit Lea verwandt sein sollten, sah ich nicht.

«Wie meinst du das?»

«Lies sie einmal von hinten!»

Mühsam buchstabierte ich:

«Lebag, Leban, Lebab…?»

Bei «Leba» für «Abel» kam ich dahinter, was sie meinte: Ihr Name «Lea» war in all den Wörtern versteckt. Ich spielte den Ahnungslosen und blödelte:

«Ah, Sie ham gean Lebawuascht.»

«Igitt, Leberwurst!» rief Lea.

Ich gab noch einen drauf:

«Dann, Lebaknödl?»

«Hör mir auf mit Leber! Hast denn du so eine lange Leitung?»

«Nein, nein, meine liebe „Leba". Ich kauf dir das „b" ab.»

Ich sah Lea an, dass sie zuerst nachdenken musste, was das jetzt sein sollte. Dann ging ihr ein Licht auf und sie schaunte mich staunend an:

«Darf jemand zu seinem Nonno Schlitzohr sagen?»

«Höchstens, wenns nicht böse gemeint ist.»

«Dann bist du eines, du hast schon lange gemerkt, was ich dachte. Jetzt hast du mich reingelegt.»

«Ja, ja, die Lea steckt in jedem Kabel!» lachte ich.

«Auch im Nabel von dem Abel!» ergänzte Lea und fiel mir strahlend um den Hals.

Beim Weggehen kehrte sie sich noch einmal um und fragte:

«Was bietest du mir für das „b"?»

«Ich erzähle dir eine Geschichte.»

«Ja, gerne. Aber bitte, eine Fabel!»

Lea und die starken Männer

Lea kam aus dem Badezimmer, setzte sich neben mich und fragte:
«Nonno, hast du gerade geduscht, bevor ich kam?»
«Ja, warum?»
«Der Spiegel war noch ganz vernebelt.»
«Du meinst wohl, er war beschlagen», korrigierte ich.
«Also gut, beschlagen. Ich hab mit dem Finger ein Smiley draufgezeichnet.»
Bevor ich irgend einen Protest anbringen konnte, fragte Lea weiter:
«Duschst du mit warmem Wasser?»
«Ja, sicher, sonst wäre der Spiegel nicht angelaufen. Duschst du denn kalt?»
«Nein, nein. Nur im Sommer im Schwimmbad.»
«Eben. Früher meinte ich, nach dem heissen Wasser noch einen kalten Guss nehmen zu müssen. Heute plage ich mich nicht mehr so.»
«Bist du also ein „Warmduscher“?»
Das hatte ja kommen müssen!
«Weisst du, was du jetzt gefragt hast?»
«Wie meinst du das?»
«Du weisst doch, was mit „Warmduscher“ gemeint ist?»
«Ah, ja, natürlich. So sagen die Buben in unserer Klasse zu Kevin und zu Luca. Diese spielen nicht ger-

ne Fussball. Sie lesen lieber und beide singen im Chor. Manchmal sagen sie ihnen auch „Weichei".»

«Aha, und jetzt fragst du dich, ob ich auch so ein „Weichei" sei?»

«Nein, eigentlich hab ich *dich* gefragt, und ich hab „Warmduscher" gesagt.»

So kannte ich Lea gar nicht. Ich blieb zuerst stumm. Ich fragte mich, ob ich auf einmal nicht mehr dem idealen Männerbild meines Grosskinds entsprach. Wollte sie mich jetzt nach dem Harte-Typen-Cliché klassifizieren? Ironisch bemerkte ich:

«Weisst du was? Ich bin auch ein „Liftfahrer", ein „Geschirrabtrockner" und ein hartnäckiger „Stilles-Wasser-Trinker-oder-die-Bläschen-aus-dem-Sprudel-Rührer". Soll ich dir noch einen Ausdruck liefern?»

«Oh, ja! Weisst du noch einen?»

Also, die hatte Nerven!

«Ja, ich bin auch ein „Sitzpinkler", wenn du es wissen willst.»

«Das finde ich gut! Mami will das bei uns auch so. Ob das Wort auch für Kevin und Luca passt, weiss ich nicht. Die anderen Namen glaube ich schon.»

«Kevin, das „Weichei" und Luca der „Warmduscher"? Und, wie findest du die beiden eigentlich?»

«Die zwei, die sind sackstark, viel geiler als die anderen harten Typen bei uns. „Weichei" oder „Warmduscher" tönt zwar blöd, aber das sind doch die einzigen, mit denen ich reden kann. Zum Glück bist du

genau so wie sie.» – Lea rückte näher an mich heran.
– «Darum haben wirs ja so gut miteinander.»
Da sass ich überrumpelt und stammelte:
«Und – du?»
«Ich bin doch auch so. Ich bestelle immer stilles Was-
ser. Sonst steigt mir die Kohlensäure in die Nase. Soll
ich uns ein Glas holen?»
Ich schluckte leer und nickte.
Wir stiessen mit Hahnenwasser an:
«Prost, Weichei!»
«Zum Wohl, Warmduscher!»

Lea und die Tiernamen

Lea kam in mein Wohnzimmer gestürmt, plumpste neben mir aufs Sofa und meinte:

«Nonno, heute könnten wir einander die Tiere erklären.»

«Wie soll ich das verstehen?»

«Also, ich meine: Sagen, warum die Tiere so heissen.»

«Aha! Das finde ich jetzt nicht gerade einfach. Oder soll ich dir zum Beispiel erklären, woher der Name *Katze* kommt?»

«Wenn du willst!»

«Soviel ich weiss, stammt er vom Lateinischen „*catta / cattus*" ab.»

«Schön! Aber das habe ich nicht gemeint. Das interessiert mich nicht. Ich meine so Namen wie *Regenwurm*. Das ist der Wurm, der bei Regen aus der Erde kommt. Jetzt bist du dran.»

Ich begriff langsam.

«Ah, so! Das ist wie ein Spiel. Gut, – eh – *Mastschwein*, das ist ein Schwein, das gemästet wird.»

«Die arme Sau! Ja, so mein' ich es. Jetzt komm ich wieder: *Häusleinschnecke*, das ist eine Schnecke mit einem Häuslein.»

Ich fuhr fort:

«Die *Waldameise* lebt im Wald.»

«Und der *Feldhase* im Feld», hängte sie an.

«Der *Osterhase* kommt an Ostern.»

«Also – ja gut. Es ist zwar kein richtiges Tier. Eher Schokolade. Ich lass es gelten. Jetzt sagt immer eines einen Namen, und das andere gibt die Erklärung. Einverstanden?»

Ich erwiderte:

«Einverstanden, fang an!»

«*Milchkuh*?»

«Eine Kuh, die Milch gibt.»

Dieses Spiel fand ich langsam etwas simpel und probierte es mit:

«*Milkakuh*?»

«Ja, du mit deinen Schoggitieren! Die lila Kuh der Milkaschokolade! *Wollschafe*?»

«Schafe, die Wolle geben. *Milchschafe*?»

«Also, Nonno! Schon wieder Milch! Du machst dir das Suchen leicht! Ich weiss etwas Schwierigeres: *Brummbären*?»

«Die Beeren, die an den Brombeersträuchern wachsen.»

Lea bekam wieder einmal einen Lachanfall.

«Das hast du extra gemacht. Das ist gut. – Übrigens, warum heissen diese Beeren so?»

«Gute Frage! Nicht verzagen, Duden fragen.»

Ich holte das Herkunftswörterbuch vom Regal. Dort drin fanden wir die Erklärung, *Brom* sei ein alter Ausdruck für stachliger Strauch.

«Darum sagte Ruedi von den Dornbüschen immer „*i de Broome*"», wusste Lea zu berichten. Dann sagte sie:

«Aber jetzt zurück zu unserem Spiel! Sag etwas! Aber nicht blödeln!»

«Gut! *Bachstelze*?»

«Oha! Vielleicht ist das ein Vogel, der im Bach herumstelzt? Das war aber schwierig.»

«Die Antwort stimmt ungefähr. Du bist dran!»

Lea wollte anscheinend nicht mehr. Sie sagte:

«Ich möchte nur noch fragen, und du sagst, was es heisst.»

Sie hatte sich offensichtlich vorbereitet, denn sie schnabelte eine ganze Reihe von Tieren herunter, und ich versuchte eine Erklärung zu finden.

«*Saatkrähe, Schneehase, Regenpfeifer, Fischotter, Haselmaus, Siebenschläfer.*»

Ich war ganz stolz, dass ich ihr eigentlich alles mehr oder weniger einleuchtend erklären konnte. Nachdem ich auch die *Regenbogenforelle* und den *Klammeraffen* hinter mich gebracht hatte, sagte ich etwas voreilig:

«Gell, du hättest nicht gedacht, dass ich das alles weiss!»

«Doch, doch, bis hierher schon. Aber das waren nur die leichteren. Jetzt, pass auf!»

Sie nahm einen Zettel hervor und legte los:

«*Schnirkelschnecke*?»

«Hm?»

«Genügt! – *Dompfaff*?»

«Also …?»

«Danke! – *Abgottschlange*?»

Ich kam ins Schwitzen.

«*Damhirsch*?»

«Das wird wohl mit …»

«Mit *Dame* hat es sicher nichts zu tun. Weiter: *Grasmücke*?»

«Was willst du eigentlich?» fragte ich ein bisschen verärgert. «Wo hast du denn diese Sammlung von schrägen Tiernamen her?»

«Weisst, du lieber Nonno, ich habe mir diese komischen Namen schon lange aufgeschrieben. Hier habe ich sie abgelesen. Ich wollte dich bitten, sie in deinen Büchern nachzuschlagen. Aber dann fand ich es spannender, mit dir dieses Spiel zu machen. Ich weiss doch, dass kein Schwein all diese Namen erklären kann.»

«Da bin ich dir ja dankbar. Ich dachte schon, du wolltest mich für dumm verkaufen.»

«Sicher nicht. Ich bin überzeugt, dass du in unserer Familie der einzige bist, der weiss, wo er nachschlagen muss. Darauf kommts doch an. Fandest du das Spiel nicht lustig?»

Geschmeichelt sagte ich:

«Doch, doch! Jetzt schon, wo ich weiss, wie du es gemeint hast.»

Ich stand auf und holte noch einmal das Herkunftswörterbuch. Wir kuschelten uns nebeneinander und schlugen all die Namen nach.
Lea war zufrieden.
«Jetzt will ich nur noch etwas wissen: Warum heissen die *Munggen* eigentlich *Murmeltiere*?»
Wir fanden auch diese Erklärung.
Ich meinte:
«Nach dem *Murmeltier* fehlst nur noch du!»
«Was? Lea, die *Löwin*?», fragte sie stolz.
Ich lachte: «Nein, Lea, das *Heutier*!»
In der anschliessenden Sofakissen-Schlacht unterlag ich. Prustend zappelte ich unter dem Kissenberg und überhörte dabei grosszügig das Wort *Trampeltier*!
Ich hatte es ja wohl verdient!

Lea und der Herbst

Lea war wieder einmal in Fragelaune:
«Du, Nonno, warum fallen im Herbst die Blätter von den Bäumen?»
Ich zwinkerte meinem Enkelkind zu und sagte:
«Das habt ihr doch sicher in der Schule schon besprochen.»
«Jaja, aber diese wischenschaftlichen Erklärungen sind mir zu langweilig: Das Blattgrün zurückziehen, Farben, die vorher verdeckt waren, kommen zum Vorschein, eine Korkschicht bildet sich am Stielansatz, und die Blätter fallen herunter, damit der Baum in der Kälte ausruhen kann und nichts erfriert, oder was weiss ich, was für gescheites Zeug.»
«Das gefällt dir nicht?»
«Doch schon. Für die Schule mag das gehen und ist ja auch irgendwie interessant. Ich bekam auch eine gute Note dafür. Aber für das Leben passt mir das nicht!»
«Das Leben?»
«Ja, weisst du, so wie in den Geschichten von dir und mir. Das ist lustiger, das ist für mich das Leben.»
«Was machen wir jetzt?»
«Ein Rettwennen. Wer hat zuerst die lustigere Geschichte von den Herbstblättern, du oder ich?»
«Muss das ein Wettrennen sein? Können wirs nicht

einfach jedes auf seine Art versuchen?»
«Doch, natürlich. Ich geh schon schreiben. Tschüss,
bis Mittwoch!»
Da war ich ja wieder einmal gefordert.
Ich gab mir grosse Mühe. Ich wusste, dass in Leas
Fantasie vieles auf dieser Welt mit Gestalten und
Wesen belebt war. Also wollte ich alle Naturer-
scheinungen personalisieren. In meinem Computer
liessen kühle Herbstwindgeister die Blättergesichtlein
erschauern und vor Kälte wie Kinderbacken rot an-
laufen. Mit Farbkübeln und Pinseln flogen Elfen und
andere Naturwesen durch die Lüfte und pinselten ihre
gelben Farbkleckse auf das Laub. Mit vollen Backen
blies die eisige Frau Bise ihre schneidend kalten
Winde in die Bäume. Diese säbelten mit tausend Mes-
sern die Blätter von den Ästen und liessen sie als
schützende Decke auf die armen frierenden Pflänzlein
fallen und den Igeln und Zwergen wärmende Laub-
haufen als Wohnung bieten. Stolz setzte ich den
Schlusssatz:
«Und so ist die Mutter Natur bereit für die kalten Tage
von Vater Winter.» –
Oder noch besser «... von Väterchen Frost».
Jetzt konnte Lea kommen. Sie hatte sicher ihre helle
Freude an meinen schönen Schilderungen.

Möglichst lebendig las ich ihr am nächsten freien
Nachmittag die Geschichte vor und beendete sie stolz

mit meinem «Väterchen Frost».
Zuerst blieb Lea ganz still. Dann sagte sie:
«Ja. – Gestern haben wir im Deutschunterricht ein paar Geschichten, Lieder und Gedichte über den Herbst besprochen. Dann musste jedes einen kurzen Text über den Herbst schreiben. Zufällig hatten du und ich das Thema ja schon ausgemacht. Ich habe folgendes geschrieben:
„Die Blätter wissen, dass sie fallen müssen. Sie erwarten den Abschied gelassen. In den Nächten schminken sie sich mit bunten Farben. Sie wollen sich schön machen für die Kinder. Die sammeln sie ein und tragen sie wie farbige Blumensträusse nach Hause.“
Ich durfte den Text der Klasse vorlesen. Er hatte Frau Gschwind gefallen.»

Ich hätte sagen müssen:
«Mir auch, und wie!»
Aber ich war überwältigt und blieb sprachlos. War meine Lea schon am Erwachsenwerden? Frau Gschwind musste wohl einen hervorragenden Deutschunterricht erteilen. Ich überlegte gerade, wie meine kindische Erzählung bei Lea angekommen sein könnte, da sagte sie:
«Darf ich deine Geschichte mit in die Schule nehmen und vorlesen?»
«Natürlich, gerne!»
So schlecht war sie offenbar nicht angekommen.

Lea packte das Blatt ein und sagte:
«Weisst du, wir haben an einigen Texten gelernt, was Kitsch und Klischees sind. Du hast da ein paar schöne Beispiele gebracht.– Ich sag nicht, wer die Geschichte geschrieben hat. Danke, tschüss!»

Ich sass noch ganz geknickt an meinem Schreibtisch, als Lea kurz darauf zurückkam. Sie umarmte mich und sagte:
«Gäll, Nonno, Kitsch kann ganz schön sein. Besonders, wenn du ihn mir zuliebe schreibst.»
Dann ging sie.
Ich werde sicher weiter schreiben.

Lea und das Hochdeutsche

Ich führte ein Telefongespräch mit einer Firma in Deutschland. Dabei sprach ich natürlich Hochdeutsch. Lea hörte mir zu. Nachdem ich aufgelegt hatte, fragte sie:
«Warum hast du jetzt Hochdeutsch gesprochen?»
Lea und ich reden natürlich Mundart miteinander, wie es alle Schweizer tun.
Ich antwortete:
«Der Herr am Telefon war ein Deutscher in Tauberbischofsheim, er hätte mich kaum verstanden, wenn ich Schweizerdeutsch gesprochen hätte.»
«Warum?»
«Wir Schweizer sprechen doch das meiste ganz anders aus und brauchen so viele andere Ausdrücke als die Deutschen, dass diese immer sagen, sie verstünden uns schlecht.»
«Ich hab' auch schon gemerkt, dass die „Schrank" sagen statt „Kasten" oder „Sahne" statt „Rahm" und „kehren" statt „wischen" und „wischen" statt „putzen". Aber ich begreife es doch nicht. Ich verstehe ja die Deutschen fast ebenso gut wie die Schweizer. Da sollte es umgekehrt gleich sein.»
Was konnte ich darauf antworten? Sie hatte ja recht. Ich musste studieren. Dann hatte ich die Lösung:
«Als ich klein war, verstanden viele Kinder bei uns bis

in die erste Klasse kein Hochdeutsch, sie mussten es erst mühsam lernen, und sprechen konnten sie es eh nicht. Heute ist das anders. Überleg einmal, warum du mit deinen acht Jahren schon fast alles verstehst!»

«Ich kanns einfach, weil ich es immer höre.»

«Ja, wo hörst dus denn?»

«Natürlich im Fernsehen!»

«Eben! Schon seit du mit drei Jahren angefangen hast, Teletubbies und solches Zeug zu gucken, hörst du Hochdeutsch, und so hast du es dir angeeignet.»

«Warum haben es dann die Kinder zu deiner Zeit nicht gelernt?»

«Es gab doch noch kein Fernsehen!»

«Was, kein Fernsehen! Was habt ihr denn geguckt?»

«Nichts! Bestenfalls Radio gehört und mehr als die Hälfte nicht verstanden.»

Lea schaute mich lange an. Dann sagte sie:

«Ja, aber die Deutschen haben doch auch Fernsehen, so könnten sie ganz leicht Schweizerdeutsch lernen.»

«Weisst du noch im letzten Sommer im Schwarzwald, als wir den Schweizer gucken wollten, und er war auf dem Bildschirm nicht zu finden. Dort sieht doch kein Mensch SF DRS.»

«Oh, je! Die sind aber schlecht dran! Die müssen doch auch Fremdsprachen lernen wie wir. Und am Fernsehen geht es am einfachsten. Das muss geändert werden. Hast du etwas zum Schreiben?»

Lachend sagte ich:

«Dort hat es Papier und Bleistift.»

Lea verzog sich. Nach einiger Zeit kam sie mit einem vollgeschriebenen Blatt. Sie sagte:

«Ich habe einen Brief geschrieben. Soll ich ihn dir vorlesen?»

Ich setzte mich gemütlich hin und sagte.

«Bitte!»

Lea las:

«Liebes deutsches Ferseh!

Ich bin ein Schweizer Medchen und bin acht Jahre alt und kann zimmlig gut hochdöitsch. Und das können wir eigentlig alle. Und wüssen sie werum? Wir lugen eben döitsches Fernseh. Und dört leren wir es. Und so können wir schon zwei Sprachen, nemlig Schweizerdöitsch und Hochdöitsch. Und ihr in Döitschland versteht nicht eimal, wenn wir Schweizer in unserer Sprache schwetzen. Und ihr seid erwachsen.

Jetzt habe ich eine Idee. Wenn dir enen am Rhein auch so gescheit werden wollt wie wir, müsst dir halt machen, das alle auch bei öich Schweizerfernseh lugen können und dann lert ihr öpis und wir müssen nümmen Hochdeutsch schwetzen, wenn wir nach Tauberbischofsheim oder Hamburg telefonieren wollen.

Mit lieben Grüssen

Lea»

Ich schmunzelte.und fragte:

«Wo sendest du den Brief hin?»

«Ans ARD, die Adresse habe ich im Fernsehheft ge-
funden.»

Ich half Lea, ihren Brief richtig mit Anschrift, Absender
und Briefmarke zu versehen.

Jetzt warten wir immer noch auf Antwort und sind ge-
spannt, ob Leas Initiative etwas zur Bildung unserer
nördlichen Nachbarn beitragen kann.

Lea und die Suppe

Es war Samstagmittag. Lea rührte mit dem Löffel lust-
los im Teller herum und fing einfach nicht zu essen an.
«Was ist, Lea, schmeckt es dir nicht?», fragte ich.
«Ich weiss es doch nicht.»
«Ah, du hast noch gar nicht versucht?»
«Weisst du, Nonno, wir haben daheim nie so flüssiges
Essen!»
«Flüssiges Essen! Das ist doch eine Suppe, eine Kür-
biscrèmesuppe! Nimm einen Mund voll!»
Zaghaft tauchte Lea den Löffel in die orangefarbene
Pampe und kostete vorerst ein bisschen. Dann zog sie
eine Schnute.
«Das ist ja warm und salzig!»
«Was hast denn du gedacht?»
«An etwas Süsses. Du hast doch Crème gesagt. Und
da stehen noch Schlagrahm und eine Schale voll
Nüsschen.»
«Auch wenn ihr das daheim nicht esst, eine Suppe ist
in der Regel warm und salzig. Auch der Schlagrahm
ist nicht süss. Den hätte ich übrigens fast vergessen,
nimm einen Löffel davon in die Tellermitte und streu
von den gerösteten Kürbiskernen darüber.»
Lea lud zaghaft einen Klatsch Rahm in die Suppe.
Dann knabberte sie kritisch an einem Kernchen. Offenbar zufrieden warf sie eine Handvoll davon in den

Teller und fing an zu löffeln.

«Und jetzt, schmeckts?», fragte ich.

Lea brummte nur wohlig, verdrehte die Augen und ass sich lustvoll in die Sahneinsel hinein. Endlich fand sie wieder Worte und fragte:

«Darf ich noch mehr haben?

«Nimm nur von allem!», erwiderte ich. Lea bediente sich grosszügig und fragte dann:

«Wo hast du die Suppe gekauft?»

«Diese Kürbiscrèmesuppe habe ich selber gemacht, das ist meine Spezialität.»

«Aha! Cool!», meinte Lea und ass aus.

Beim anschliessenden Wähenstück erzählte sie:

«Weisst du, Nonno, das Wort Suppe habe ich schon gekannt. In der Fernsehwerbung gibt es immer Suppen, aber das sind doch so Beutelsaucen, die mich gar nicht anmachen. Zeigst du mir einmal, wie Suppe ohne Beutel geht?»

Ich erzählte Lea, wie es in meiner Kindheit zu jedem Mittagessen eine Suppe gegeben hatte. Und wenn es nach meinem Grossvater gegangen wäre, hätte diese immer so dickflüssig sein müssen, dass der Schöpflöffel mitten in der Schüssel stehen konnte. Das war dann schon nicht nach meinem Geschmack.

Aber Lea war auf den Geschmack gekommen und fragte:

«Nonno, wenn ich nächsten Samstag bei dir bin, könnten wir dann nicht miteinander eine Suppe

kochen?»
Das gestand ich ihr natürlich stolz und freudig zu.
So kochten wir uns in den nächsten Wochen durch
mein ganzes Suppenrepertoir, von der Erbsencrème
und der Brot-Käsesuppe über den Pot-au-feu bis zu
den italienischen Spezialitäten meiner Nonna wie
Minestra und Passattelli oder Cappelletti in brodo –
und natürlich nach einer angemessenen Pause auch
wieder Kürbiscrèmesuppe. Lea war eine eifrige Lehr-
tochter. Wir pröbelten mit Gewürzen, kombinierten
verschiedene Zutaten und erfanden eigene Süpplein.
Nicht alle unsere Versuche waren gleich erfolgreich.
Aber Lea war so eifrig bei der Sache, dass sie sogar
die Brennnesselsuppe gut fand, obwohl wir dazu doch
eine recht ungewohnte Zutat gesammelt hatten.
Ich notierte alle Rezepte mit ungefähren Mengen-
angaben und druckte sie aus. Lea legte die Blätter in
einem Ordner ab, den sie immer wieder mitbrachte.
Auf der Vorderseite hatte sie ein Titelbild gemalt mit
einer dampfenden Suppenschüssel und der
Überschrift:
«Suppen und Süpplein von Lea und Nonno»

Ich blätterte kürzlich in der Mappe und entdeckte
zuvorderst erstaunt ein Blatt mit folgendem Text

«Vorwort»
«Suppen sind die besten Vorspeisen. Sie rutschen

ganz leicht hinunter, besonders, wenn sie mit Rahm geschmiert werden. Sie sind auch viel besser zum Essen, als sie meistens aussehen. Dazu möchte ich nichts sagen. Einige sind flüssiger, andere dicker. Am besten sind sie, wenn sie etwas Italienisches haben, dann heissen sie Brodo, Minestra oder Minestrone. Etwas gruusig finde ich nur Suppen, wenn Eier drin sind, vor allem, wenn diese nicht genug verrührt werden. Dann gibt es so komische Schlempen. Aber schmecken tun sie trotzdem gut. Jetzt bin ich eine Suppenköchin und habe meine Eltern schon ein paar Mal mit einer selber gemachten Suppe überrascht. Papi hat das auch gerne. Am liebsten, wenn es nachher eine Apfelwähe gibt. Die bringt er vom Bäcker. Es sind halt nicht alles so gute Köche wie Nonno und ich.»

Ganz stolz klappte ich den Ordner zu, gerade bevor Lea mit einem Sträusslein Basilikum aus dem Garten zurückkam.

Nonno und der Krieg

Was ist Krieg?

Lea fragte mich:

«Nonno, wie war denn das damals, als du im Krieg warst?»

«Ich war doch nie im Krieg», antwortete ich, «wie kommst du jetzt da drauf?»

«Mami hat mir erzählt, dass sie als Kinder manchmal zu dir gesagt haben: „Jaja, der alte Mann vom Krieg!". Und zwar immer, wenn du beim Essen davon geredet hast, dass es im Krieg nicht soviel zu essen gab.»

«Ja, ich erinnere mich. Das heisst nicht, dass ich selber im Krieg war. Aber die schwere Zeit von damals habe ich schon noch erlebt, allerdings als kleines Kind. Und da habe ich vieles nicht recht verstanden.»

«Kannst du es mir trotzdem erzählen?»

«Ich kann es ja einmal versuchen. Da hätten wir ja bei jedem Treffen ein Thema.»

So kam es,dass ich Lea meine Kinheitserinnerungen in ein paar Kapitelchen zu erzählen begann. Ich versuche, sie im folgenden wiederzugeben.

In den Jahren, in denen ich reden gelernt habe, tauchte ein Satz ständig auf:
«Es ist Krieg!»
Mit etwa vier, fünf Jahren muss ich ein unstillbarer Frager gewesen sein, und ich weiss noch genau, wie ich den Vater einmal gefragt habe:
«Was heisst das: „Es ist Krieg?“»
Er erklärte mir, wie die Deutschen unter ihrem bösen Herrscher Hitler mit Waffengewalt die Welt erobern wollten. Sie hätten schon Frankreich besetzt, und wir Schweizer seien auch in Gefahr. Und nun würden die «Alliierten», das waren vor allem die Engländer, die Amerikaner und die Russen gegen Deutschland kämpfen.
Mein Vater, seine Brüder und andere Onkel waren immer wieder für längere Zeit beim Militär, «Aktivdienst» hiess das. Dadurch wurde Mama fast zur alleinerziehenden Mutter. Ich kann mich noch erinnern, dass sie ein kleines, gelbes Büchlein hatte, in dem sie meine verschiedenen Untaten mit dickeren oder dünneren Strichen notierte und dabei drohte, die zeige sie dann dem Vater, wenn er heimkomme. Sie wäre wohl mit uns fünf unbändigen Kindern allein nicht anders zurechtgekommen. So konnte ich mich nie richtig auf Vaters Urlaub freuen. Er kam dann gelegentlich heim

und brachte uns Militärbiskuits mit. Aber zum Glück passierte mir nie etwas, Vater hatte dann wohl Gescheiteres zu tun.

Alles redete ständig von den «Nazi». Das waren die so genannten «Nationalsozialisten», die regierten Deutschland mit ihrem Hitler, den sie «Mein Führer» nannten. Das eigentlich unanständige Wort «Sauschwoobe» brauchten wir in jener Zeit fast wie normal und niemand fand, das dürfe man nicht sagen. Ein verhasstes Zeichen war das «Hakenkreuz», das Symbol der Nazis.

Beim Mittagessen mussten wir während der Nachrichten vom damaligen «Radio Beromünster» immer ganz still sein, damit die Eltern wieder das Neueste vom Kriegsverlauf hören konnten.

Ich schaute mir in Zeitungen und in den Illustrierten beim Coiffeur immer die Bilder vom Krieg und Witzzeichnungen über die Nazis an. Das tauchte dann alles wieder in meinen Kindergartenzeichnungen auf. Es gab noch lange eine Mappe mit meinen Bildern von Kriegsschiffen, Flugzeugen und Kanonen.

Lea wollte das Mäpplein sehen, aber leider ist es nicht mehr aufzufinden. Es war wohl bei einem Umzug verschwunden.

Luftschutz

In dem Geschäftshaus an der Birmannsgasse in Basel, wo wir im obersten Stock wohnten, gab es eine Luftschutztruppe von Frauen, die dort arbeiteten. Sie waren eine Art Feuerwehr gegen Brandbomben, liefen bei ihren Übungen in grauen Überkleidern herum und hantierten mit Handspritzen, Sandkesseln, Schaufeln und anderen Brandbekämpfungsmitteln. So eine kleine Schaufel steht heute noch bei meinem Gartenwerkzeug.

Einmal musste ich ins St. Johannsquartier zu einer Tante Luigia und dann zu der Nonna gehen und ihnen mit meiner Hutte auf dem Rücken etwas bringen. Als kleiner Kerl hatte ich schon genug Mühe, deren Wohnungen zu finden. Da lief ich zu allem Elend in der Lothringerstrasse noch einer Gruppe von übenden Luftschutzfrauen in die Hände. Die wollten mir verbieten, weiterzugehen, die ganze Strasse sei bombardiert und gesperrt, ich müsse einen anderen Weg nehmen. Den kannte ich aber nicht. Ich sah auch nichts Kaputtes und kam überhaupt nicht draus. Wenn man sich solche Schäden einbilden muss, sagt man dem «supponiert» Aber diesem Ausdruck begegnete ich schliesslich erst etwa vierzehn Jahre später in der Rekrutenschule – auch dann hatte ich noch ziemlich Mühe, mir das alles vorzustellen. Als die Frauen einmal wegschauten, ging ich einfach weiter und trug meinen Rückenkorb zur Nonna an der Ryffstrasse. Ganz aufgeregt versuchte ich meiner italienisch sprechenden Grossmutter zu erklären, was ich da Seltsames erlebt hatte.

Von einem gewissen Tag an gab es eine Verdunkelungsvorschrift für die Nächte. Strassenlaternen brannten keine. Beim Einnachten mussten die Fenster mit schwarzen Tüchern verhängt werden. Im Teppenhaus hingen Petrollampen mit dunkelblauen Gläsern. Eine solche hat meine Schwester noch in die heutige Zeit gerettet. Ich kann mich auch an einen Velofahrer erinnern, den ich eines Abends mit abgedunkeltem blauem Geisterlichtlein durch unsere Strasse fahren sah.
Die Mutter sagte, das alles sei so, damit uns die Bomber in der Nacht nicht sehen könnten. Ob damit die Fliegergeschwader der Alliierten, die wir nachts manchmal hörten, oder die der Deutschen gemeint waren, wusste ich nicht.

Wenn dann die Sirenen auf den Dächern mit ihrem unheimlichen Ton anfingen zu heulen, flüchteten wir alle in den Keller hinunter. Dort war das Geschäftslager mit Bergen von Stoffballen. Damit bauten die Männer eine Art Burg um uns herum. Ich glaube, ich habe damals den Ernst der Lage nicht richtig begriffen, ich war wohl zu klein dazu. Meine beiden grösseren Schwestern aber knieten vor Angst auf dem Boden und beteten laut.

Später wurde die Verdunkelung wieder aufgehoben. Die Piloten sollten an der nächtlichen Beleuchtung sehen, dass sie über die Schweiz flogen, und am Tag zeigten ihnen riesige, auf Dächer gemalte Schweizerkreuze dasselbe an.

Lea wollte unbedingt die erwähnte Luftschutzschaufel sehen.
«Dieses Erinnerungsstück hast du hoffentlich nicht auch verhühnert.»
Stolz holte ich das Ding aus dem Werkzeugschrank.
Lea war entzückt, dass sie mit der kleinen Schaufel wie eine Grosse im Sandkasten einen Berg aufhäufen konnte.
Dann fragte sie:
«Was hat denn eine Sandschaufel mit Luftschutz und Krieg zu tun?»
So musste ich ihr halt noch erklären, wie mit Sand ein Brandherd erstickt werden kann.

Bombardierungen

Zwei Bombenalarme machten mir besonderen Eindruck:

An einem Sonntagmorgen war der Vater in der Kirche. Da gab es wieder einmal Fliegeralarm. Warum wir nicht weiter darauf reagiert haben, weiss ich nicht mehr. Auf einmal krachte und donnerte es scharf und kurz, und Mama sagte sofort:
«Jetzt sind irgendwo in Basel Bomben gefallen!»
Wir hatten natürlich sofort Angst um Papa. Zum Glück tauchte er bald auf und sagte, der Wolfbahnhof und ein Teil des Gundeldingerquartiers seien bombardiert worden, es habe Verletzte gegeben. Schuld seien Amerikaner, die sich getäuscht hätten. Am Sonntag danach gingen wir Geschwister nach dem Kinderfilm im Borromäum ohne zu fragen zur Münchensteinerbrücke und schauten uns die Schäden an den Geleisen, den Bahnwagen und den Häusern an. Als wir das dann zu Hause stolz erzählten, hatte die Mutter gar keine Freude an unserem Ausflug.
Die Amerikaner sollen sich später für den Irrtum entschuldigt haben. Es gab aber bald Leute, die sagten, diese Unterbrechung der Bahnverbindung nach Deutschland sei kein Zufall gewesen.

Ein anderes Mal spielte ich an einem Samstag-
nachmittag mit einem Nachbarmädchen in der Birmannsgasse. Da gingen wieder einmal die Sirenen
los. Ich wollte heimgehen, aber meine etwas ältere
Spielkameradin fand, das sei noch nicht nötig. Sie
nahm mich mit in ihre Wohnung, ihre Eltern waren
offenbar nicht zu Hause. Wir kletterten auf den
Fenstersims, denn wir hatten Flieger gehört und wollten sie sehen. Da tauchten am Himmel knapp über
den Häusern gegen das Elsass hin riesige so genannte fliegende Festungen auf. Ich hatte den Eindruck, die hätten jede mindesten acht Motoren. Als es
dann wieder so richtig wummerte, fand ich doch, ich
müsse heimgehen. Auf der Strasse lief ich meiner
Gotte Lucia in die Hände, sie hatte mich verzweifelt
gesucht. Unsere ganze Familie und die halbe Verwandtschaft hockte im Luftschutzkeller und vermisste
den ahnungslosen Lappi, der draussen herum-
schwanzte.

An jenem Tag wurde das Kembser Stauwehr zerstört.
Der Rückstau des Rheins lief aus, und wir konnten
noch einige Zeit nach dem Krieg auf den freigelegten
Rheinwaggen des Kleinbasler Ufers herumlaufen.

An einem Morgen fand ich einmal überall auf der
Strasse und in den Vorgärten bündelweise zick-
zackförmige Aluminiumdrähte und nahm einige davon

mit in den Kindergarten. Fast alle Kinder hatten das Zeug aufgelesen und mitgebracht. Es stellte sich dann heraus, dass die Drähte von den Fliegern abgeworfen worden waren. Mein Vater erklärte mir, dass mit diesen Metallteilen in der Luft das feindliche «Radar» gestört werde. Das sei eine Einrichtung, mit der die Flieger am Himmel gesucht würden. Ich wundere mich, dass ich das heute noch weiss, richtig verstanden habe ich es damals wohl kaum.

Lea sagte:
«Papi kam letzthin auch ins Radar, er war einen Kilometer zu schnell gefahren. Ist das auch so etwas?»
«Ich glaube schon.»
«Könnte er sich auch mit solchen Aluminiumstreifen schützen?»
Ich dachte an den Raserkrieg auf den Strassen und sagte:
«Er soll lieber normal fahren, dann braucht er das nicht.»
Lea nickte zufrieden. Dann sagte sie plötzlich:
«Aber ein bisschen zu schnell fahren ist nicht so schlimm, wie Bomben auf die Menschen werfen.»
Da musste ich ihr recht geben.

Nazis

Mit etwa fünf, sechs Jahren durfte ich für einige Tage zur Familie Klemm in die Ferien gehen. Das waren Bekannte, die in Riehen an der Inzlingerstrasse wohnten. Frau Klemm war eine gebürtige Deutsche, aber sie redete schwyzerdütsch. Das war wohl besser, denn ich hatte damals etwas gegen alles Hochdeutsche. Aus irgend einem Grund lebte ihr Neffe, der Sohn ihrer Schwester aus Hamburg bei diesen Leuten. Er war ein bisschen älter als ich und hiess Adi. Das war wohl die Abkürzung von Adolf. So hiess Hitler mit Vorname. Dieser Adi unternahm sehr viel mit mir. So gingen wir auch einmal ins Riehemer Schwimmbad. Ich konnte es kaum glauben, als Adi sagte, die Hügel gerade dahinter gehörten zu Deutschland. Mich schauderte fast, als ich in das Land guckte, in dem nach meiner Meinung alles Böse zu Hause war.

Dann klagte Frau Klemm eines Tages, Hamburg sei bombardiert worden. Sie hatte Angst um ihre Schwester, Adis Mutter. Bald darauf bekam sie einen Brief. Sie zeigte uns den Umschlag, der offensichtlich von den Behörden geöffnet worden war. Er war nämlich in auffälliger Weise wieder zugeklebt. Im Brief stand, ihre Schwester sei in der Gegend, sie könne sie an der

Inzlinger Grenze dann und dann schnell treffen. So spazierten wir später zu dritt die Inzlinger Strasse hinaus und kamen an der Grenze zu einem Schlagbaum. Dort standen zwei Uniformierte. Sie entsprachen genau meiner Vorstellung von schrecklichen Nazis, wie ich sie in den Illustrierten gesehen hatte: Zackige Uniformen, glänzende hohe Stiefel und steife Schildmützen mit steiler Front und Abzeichen. Sie machten mir gehörig Schiss. Auch die verhasste Hakenkreuzfahne musste ich sehen. Ich hatte furchtbar Herzklopfen und getraute mich nicht nahe heran. Dann tauchte die erwartete Frau auf, in ärmlichen Kleidern und mit einem Kopftuch. Die zwei Schwestern fielen sich über die Barriere um den Hals und weinten. Sie konnten nur kurz miteinander reden. Was Adi dabei machte, weiss ich nicht mehr. Auf jeden Fall forderte der eine Offizier die Frauen nach ein paar Augenblicken streng auf, einander loszulassen und das Gespräch zu beenden. Sie bettelten um Verlängerung, doch der Typ blieb unerbittlich und schickte uns fort. Ich hatte mit den zwei Frauen Mitleid und eine Wut auf den «Sauschwoob». Die Nazis waren wirklich auch meine Feinde.

«Aber der Bert ist doch auch ein „Schwoob"», meinte Lea, «hast du etwas gegen ihn?»
Jetzt musste ich ihr erklären, dass die heute lebenden

Deutschen nichts mehr mit den Nazigräueln zu tun hatten, und dass wir mit vielen von ihnen wunderbare Beziehungen pflegten.

«„Schwoobe" sagen wir ihnen nur noch zum Spass, es ist nicht böse gemeint.»

Patriotismus

In jenen Jahren des Krieges herrschte in meiner Umgebung – und wahrscheinlich in der ganzen Schweiz – eine extreme Heimatliebe, «Patriotismus» nennt man das. Wir Schweizer nannten uns immer auch «Eidgenossen». So etwas können wir uns heute kaum mehr vorstellen. Dieser heimatliche Schwung hatte natürlich mit der damaligen «geistigen Landesverteidigung» zu tun. Dabei wollten die Leute sich auch im Kopf gegen den Feind wehren. Ich kannte die fremdartigen Bezeichnungen für dieses starke Heimatgefühl sicher nicht, aber ich lebte schon als kleiner Knabe die Begeisterung für die Schweiz sehr freudig mit. Alles, was mit Schweizer Soldaten, Sennen und Schneebergen zu tun hatte, war für mich toll. Das Buch «Globi wird Soldat» kam in jener Zeit sicher nicht zufällig heraus, ich schaute es immer wieder an, und die Schwestern mussten es mir vorlesen.

Die Mustermesse Basel war auch so ein eidgenössisches Symbol, dort wurden ja noch jahrelang nur schweizerische Waren gezeigt. Im Frühling 1943 durfte meine Schwester Irma an der Muba als Kindermannequin Schürzchen aus dem Birmannshof – dem Arbeitgeber unserer Eltern – vorführen und dazu

Verslein über diese Schweizer Qualitätsprodukte aufsagen. Die Leute waren begeistert. Sogar der damals sehr verehrte Schweizer General Guisan blieb am Stand stehen, drückte meiner Schwester die Hand und schenkte ihr seine signierte Fotografie. Dieses «Heiligenbild» hing noch lange neben dem von Bruder Klaus in unserer guten Stube.

Kalender und Ferienprospekte mit Bildern von Schweizer Seen, verschneiten Bergen und Alpweiden voller Kühe weckten in mir immer starke Sehnsüchte. Am liebsten lief ich deshalb in einem bestickten Sennenkittel und mit einem Sennenkäppli auf dem Kopf herum.

Schon im Kindergarten sangen wir Schweizerlieder. «Uf den Alpen oobe», «Am Morge frieh, wenn d Sunne lacht» und «Mir Senne hän s luschtig» liebte ich besonders. Bei diesem letzten wollte ich nie begreifen, warum es in der ersten Strophe heissen sollte: «…käi Chääs und käi Angge …». Das berndeutsche «…häi …» war mit offenbar noch nicht geläufig. Am liebsten hatte ich aber das Lied: «S Schwyzerländli isch nur chly, aber schöner chönnt s nit sy». Das wünschte ich mir jedesmal an meinem Geburtstagsfestlein im Kindergarten.
Ob wir dann in der ersten Klasse auch Heimatlieder gesungen haben, weiss ich nicht mehr. Auf alle Fälle

erinnere ich mich noch an die Anfänge zweier alter schwülstiger Lieder, die in jener Zeit wieder hoch im Kurse waren: «Vaterland, hoch und hehr, Heiligtum geliebter Ahnen» und «Ich bin ein Schweizer Knabe und hab die Heimat lieb, wo Gott in hohen Firnen den Freiheitsbrief uns schrieb».

In den Ferien in meinem Heimatdorf Nunningen hörte ich an einer Erst-Augustfeier den Redner in gewohnt patriotischer Art die Gemeinde ansprechen: «Liebe Eidgenossen und Stauffacherinnen!»

Ich verstand «Staubmacherinnen» und wusste nicht, was er damit meinte.

Dass die Stauffacherin eine Gestalt aus dem „Wilhelm Tell" ist, erfuhr ich erst später.

«Kannst du mir so ein Lied vorsingen?», fragte Lea.

«Das ist alles etwas kitschig!», meinte ich abwehren zu müssen. Aber Lea beharrte darauf.

«Du sollst ja dazu kein Sennenkäppli anziehen.»

Hingebungsvoll schmetterte ich das Lied vom Schwyzerländli. Lea hörte andächtig zu. Am Schluss fragte sie:

«Und was soll jetzt so falsch sein an dem Lied? Es ist doch schön, wenn die Leute ihr Land gern haben.»

Ich musste ihr recht geben:

«Stimmt! Aber weisst du, man kann auch übertreiben.»

Internierte

Hinter unserem Haus lag der riesige Garten des Missionshauses. Vom Küchenfenster aus konnten wir gut dort hinunter schauen. Am Rande des Gartens wurden einmal lange Holzbaracken errichtet, und davor sahen wir Männer mit khakifarbenen Uniformen, auch Afrikaner waren darunter. Das seien französische Soldaten, die vor den Deutschen in die Schweiz geflüchtet seien, sagte die Mutter. Unser Land habe sie aufgenommen und ihnen einen Ort zum Wohnen und vielleicht auch zum Arbeiten angeboten, jetzt seien sie so genannte «Internierte».

Eines Tages durften wir zur Grossmutter an die Türkheimerstrasse gehen. Dort standen drei sympathische junge Männer in der Stube – drei ihrer Neffen aus Oltingen im Elsass, also Cousins meines Vaters. Deren Geschichte vernahm ich erst später genau:
Das Elsass war ja am Anfang des Krieges von den Deutschen erobert und zum «deutschen Reichsgebiet» erklärt worden. Daran kann ich mich natürlich nicht erinnern. Aber ich weiss, dass ich auf einem Wegweiser beim Brausebad «St. Ludwig» buchstabiert habe – wir sagten allerdings immer noch «St.

Louis». Also, in diesem reichsdeutschen Elsass hätten alle jungen Männer zur Wehrmacht einrücken müssen. Das passte natürlich den meisten nicht. Félix, sein Bruder René und ihr Cousin Robert machten mit etwa acht anderen Jungen aus dem Dorfe ab, sie würden in die Schweiz flüchten. Die jungen Männer wollten sich unter grösster Geheimhaltung bei einem bestimmten Baum im Wald Richtung Schweiz treffen, und Félix, der sich gut auskannte, hätte sie dann an den feindlichen Grenzsoldaten vorbei nach Rodersdorf führen sollen. Als sie aber am abgemachten Orte ankamen, trafen sie dort auf über vierzig Fluchtwillige aus der ganzen Umgebung. Jeder hatte es noch einem anderen gesagt. Eine gewagte Sache! Mit Schlauheit und Glück brachte Félix alle in die Schweiz. Sie wurden sofort interniert und mussten auf Bauernhöfen und im Tiefbau arbeiten gehen, die Schweizer Männer standen ja meistens an der Grenze. Für solche Besuche wie der bei ihrer Tante – also unserer Grossmutter – bekamen sie nur selten Gelegenheit.

Aber die Eltern dieser jungen Männer mussten die Folgen der Flucht ihrer Söhne ausfressen. Sie wurden alle verschleppt und zur Zwangsarbeit in lagerähnliche Betriebe in Süddeutschland gesteckt. In ihre Bauernhäuser setzten die «Schwoobe» deutsche Umsiedler.

Nach dem Krieg wurde natürlich alles wieder rückgängig gemacht. Aber es war nichts mehr wie früher.

Die Verschleppten kamen alle krank und schwach zurück. Roberts Mutter, meine Grosstante Eugénie in Oltingen, hat mir drei Jahre nach Kriegsende dennoch lachend das Liedlein vorgesungen, das sie von Kindern in Heilbronn gehört hatte:

«Vor der Kaserne, vor der Abtritttür, stehen zwei Soldaten und haben kein Papier …»

Dann zeigte sie mir auch die Geräte und Maschinen, welche die ungebetenen deutschen Bewohner auf ihrem Hof einfach in den Regen hinausgestellt hatten, so dass sie kaputt gingen.

Die Katze, die von den Umsiedlern zurückgelassen worden war, nannten sie nach ihren ehemaligen Besitzern «d Wassmere».

Dass jene Leute dann nach etwa zwanzig Jahren die Stirn hatten, bei meinen Verwandten mit einem grossartigen Auto vorzufahren, an der Haustüre zu läuten und zu fragen, ob sie nicht wieder einmal ihr ehemaliges Wohnhaus von innen angucken könnten, ist eine andere Geschichte.

«Woher weisst du das alles, warst du dabei, als die kamen?» fragte Lea.

«Nein, Robert und Juliette haben mir das erzählt.»

«Was haben die denn zu den Deutschen gesagt?»

«Weisst du, das kann ich dir nicht wiederholen, sie hatten dort immer eine etwas grobe Sprache.»

«Schade», meinte Lea, «hast du deswegen das Lied von der Abtritttür nicht fertig gesungen?»

«Ja, das auch. Wenn ich dir das vorsänge, bekäme ich wohl Krach mit deiner Mami.»

Das Thema war erledigt.

Mangelwirtschaft

Eines Tages fing unser Vater an, den Rasen vor dem Birmannshof, wo wir wohnten, umzustechen. Er er-erklärte mir, dass jetzt alle möglichen Grünflächen bepflanzt werden müssten, weil es wegen des Krieges in der Schweiz nicht genug zu essen gäbe. Überall wuchsen Kartoffeln und Gemüse, die grosse Rasen-fläche auf der Schützenmatte sah aus wie eine riesige Schrebergarten-Anlage.

Unserem Speisezettel sah man an, dass das meiste «rationiert» war. Das heisst, es gab nur noch wenig davon. Vom halben 100-Gramm Bällchen Butter, das die Mutter heimbrachte, durften wir gerade soviel aufs Brot streichen, dass die feinen Löchlein der Krume knapp gefüllt waren.
Wenn der Vater zum Abendessen ein einziges Spiegelei ass, machten wir drei grösseren Ge-schwister so lange Stielaugen, bis er für jedes ein bisschen Brot ins Eigelb tunkte und uns dieses in den Mund steckte.

Alle Gemüseabfälle und andere Reste – wenn es überhaupt welche gab – sammelten wir in einem alten Ankenkessel und stellten diesen wie den Kehrichteimer vor den Hauseingang. Ein Bauer holte dann die Ware als Schweinefutter ab. Weil der kleine Kübel immer ein wenig stank, trug ich ihn nicht gerne hinunter.

Noch schlimmer rochen allerdings die alten Knochen, welche die Bauern aus unserer Verwandtschaft auf ihrem Dachboden sammelten. Daraus soll Seife gemacht worden sein.

Sonst war ich aber gerne bei diesen Bauern, denn dort wurde ich gelegentlich aufgefüttert mit Anken, Eiern und anderen guten Sachen, die ich in den angetroffenen Mengen kaum kannte.

Für alle Einkäufe, die wir machen wollten, brauchte es neben dem Geld so genannte Rationierungsmarken. Die mussten wir jeweils auf einem Amt im Luftgässlein holen. Da gab es ganze Karten voller kleiner Abschnitte, aufgeteilt nach Lebensmitteln, Textilien und anderer Ware. Die Mutter erklärte mir, so könne verhindert werden, dass die reichen Leute den ärmeren alles wegkauften. Sie tauschte aber trotzdem ab und zu bei den reichen Nachbarn unsere ungebrauchten Marken für Schokolade und andere für uns zu teure Luxusgüter gegen gewöhnliche Brot- und Lebensmittelcoupons, von welchen wir eher zu wenig hatten.

Ich habe auch mit eigenen Augen gesehen, wie Leute mit genug Geld ohne Marken bei den Bauern zu

Speck und anderen guten Dingen kamen.
Die Rationierungsmarken wurden nach dem Krieg nur
schrittweise abgeschafft, die letzten etwa um 1948.

Ob das nächste, das ich erzähle, noch während des
Krieges oder kurz danach war, weiss ich nicht mehr.
Es passt auf jeden Fall in jene Zeit:
Das Geschäft im Birmannshof, wo wir wohnten, führte
für seine Angestellten eine Aktion mit Rapsöl durch.
Dieses wurde gerade fassweise organisiert, in Fla-
schen abgefüllt und verteilt. Öl aus Raps war aber zu
jener Zeit noch praktisch unbekannt und gar nicht be-
liebt, denn die damalige Sorte hatte einen scharfen
Geschmack. Ich spüre heute noch den strengen, fast
chemischen Geruch, der unsere Küche erfüllte, wenn
Mutter Kartoffeln in Rapsöl briet. Aber wenigstens hatten wir wieder einmal genug Öl.
Eigenartigerweise musste die Firma auch die grünen
Kuchen, die vom Ölpressen zurückblieben, über-
nehmen. Die lagen auf stinkenden hohen Beigen vor
den Kellereingängen, bis sie jemand als Viehfutter ab-
holte.

Offenbar mangelte es mit der Zeit an vielem, und was
es noch gab, war eher von schlechter Qualität. Die
Mutter trug zu allem Alten und Guten sehr Sorge. So
holte sie eines Tages eine steinharte Waschseife vom
Dachboden und sagte dazu wie öfters:

«Das ist eben noch Vorkriegsware!»

Die Bäcker mussten ihr frisch gebackenes Brot zuerst drei Tage lagern, bevor sie es verkaufen durften. So war es nicht mehr so köstlich, und es wurde nicht zuviel davon gegessen. Zudem war der Teig gelegentlich mit gekochten Kartoffeln gestreckt. Das merkte ich an den weissen Klümpchen, die ich manchmal in der Brotkrume fand.

Benzin gab es auch fast keines mehr. Bei den Autos wurden so genannte Holzvergaser eingebaut. Das waren ofenähnliche Aufbauten, die auf der hinteren Seite an die Wagen montiert wurden. Die Apparate machten aus Holzkohle brennbares Gas, das dann dem Motor zugeführt wurde. An den Lastwagen wurden diese Geräte teilweise als Anhänger mitgeführt.

Auch im Birmannshof waren zwei, drei Amerikanerwagen – «Plymouth» und «Chrysler» – so ausgestattet. Wenn dann ein Chauffeur einen Transport zu machen hatte, durfte ich manchmal mitfahren. Einmal dünkte mich ein solcher Ausflug auf die Post gar kurz, und ich blieb nach der Fahrt in der Garage im Wagen sitzen, weil ich dachte, es gehe gleich wieder weiter. Niemand bemerkte das. Nach einer gewissen Zeit stieg ich dann doch aus. Da muss ich offenbar furchtbar geschwankt haben, die Männer dort konnten mich gerade noch auffangen und an die frische Luft führen. Ich selber merkte gar nichts davon. Ich hatte wohl eine rechte Gasvergiftung eingefangen, denn der Holzvergaser hatte natürlich in der Garage weiter-gebrannt und giftiges Kohlenmonoxyd verströmt. Ich glaube, mein Leben hing damals an einem Faden. Da wäre ich fast noch ein Kriegsopfer geworden.

«Zum Glück hast du das überlebt!», sagte Lea und fiel mir um den Hals.

Soldaten in der Stadt

Ich ging an der unteren Schlettstadterstrasse in den Kindergarten. Eines Tages knallte und donnerte es hinter dem Haus Richtung Hegenheimerstrasse. Wir rannten alle an die Fenster. Über den Häusern sahen wir Rauch und Staubwolken aufsteigen, dann war wieder Maschinengewehr-Geknatter zu hören. Die Kindergärtnerin erklärte uns, das Militär breche dort drüben ein Haus ab, und zum Üben würden die Soldaten hineinschiessen. Das ging ein paar Tage so weiter, immer wieder krachte und ratterte es, bis das Haus in Kraut und Fetzen gehauen war. Dann wurde es ganz abgebrochen.

Eigentlich etwas Unglaubliches, mitten in einem Wohnquartier, besonders, wenn ich daran denke, wohin die abprallenden Gewehrkugeln hätten hinfliegen können! Bis jetzt wollte es mir auch niemand glauben, wenn ich davon erzählt habe. Aber ich war schon als Kindergärteler ziemlich zurechnungsfähig und weiss, was ich gesehen und gehört habe.

Im Frühjahr 1945 kam ich in die erste Klasse ins Spalenschulhaus. Im Schulhof stand eine Baracke mit einer Militärküche. Bedürftige Leute holten dort manchmal mit einem Milchkessel Suppe.

Bald machte sich das Militär im Quartier nochmals breit. Die Soldaten bauten das Spalentor mit Sandsäcken in eine Festung um, und die ganzen Strassen davor bis zur Burgfelder Grenze waren gespickt mit ausgegrabenen und befestigten Maschinengewehrstellungen. Soviel ich heute weiss, sollte damals verhindert werden, dass die Alliierten den Weg von Frankreich durch die Schweiz über die Basler Brücken nähmen. Oder es sollte mindestens ein bisschen dergleichen getan werden, weil die Schweiz offiziell ja niemandem helfen wollte. Dem sagt man: Sie war «neutral».

„Da hätte ich aber Angst gehabt, wenn der Krieg so nahe gekommen ist," sagte Lea.
«Hatte ich aber nicht. Ich glaube, ich war noch zu klein, um alles zu verstehen. Ich war ja drei Jahre jünger, als du jetzt bist. Für mich war alles einfach interessant und abenteuerlich.»
Lea schaute mich etwas komisch an. Aber wir schwiegen beide.

Der Schluss

Ein gutes Zeichen für das nahe Ende dieses Krieges sah ich einmal beim Coiffeur auf dem Wartesessel. In einem Nebelspalter fand ich ein Bild, das mir gefiel: Da rannte ein Hakenkreuz, bei dem jeder Haken wie ein Fuss mit einem alten Schuh aussah, drehend auf einen Abgrund zu. Ich wusste genau, was der Zeichner damit sagen wollte.

Und so kam es dann auch. An einem Nachmittag im Mai 1945 ging ich nach der Schule gegen den Birmannshof. Da hörte ich aus dem Maschinensaal im zweiten Stock ein riesiges Jubelgeschrei. Ich rannte zur Mutter hoch und fragte, was das bedeuten solle. Sie sagte strahlend, der Chef habe gerade den Angestellten verkündet, dass der Krieg vorbei sei.

Da war auch ich froh. Es erleichterte mich sehr, dass er nun nicht mehr galt, der unheimliche Satz:

«Es ist Krieg!»

Lea tat einen tiefen Schnaufer und meinte bedauernd: «Und jetzt sind deine Kriegsgeschichten fertig?»

«Ja, zum Glück! Müsste ich nach deiner Meinung denn noch mehr erzählen?»

«Eigentlich nicht. Du weisst sicher noch andere Geschichten.»

«Ja, auch schönere. Und wie ich dich kenne, du auch!»

Lea nickte stolz.

weiterhin lieferbar:

Hansjörg Hänggi

Ein Basler Bebbi im Birseck
Erinnerungen ans Reinach der Vierzigerjahre

mit Zeichnungen von Cornelia Ziegler

ISBN-10: 3-906436-02-0
ISBN-13: 978-3-906436-02-9

www.horch.ch